Zebra 1

Lesebuch

Neubearbeitet von
Stephanie Brettschneider
Silke Clasing und
Saskia Diederichs

Auf der Basis der Ausgabe von
Stephanie Brettschneider
Maria Feiten
Bärbel Hilgenkamp
Andreas Körnich
Gabriele Reusche
Gerlind Schwanitz
Barbara Weingand und
Gabi Zimmermann

Ernst Klett Verlag
Stuttgart • Leipzig

Inhalt

Schulabenteuer und Abc-Reisen ... 2

In der Schule		4
HIP HOP	Daniel Kallauch	6
Else		8
Die ganze Welt von A bis Zelt		10
Regeln		12
Schulwege		14
Auf dem kürzesten Weg	nach Werner Färber	16
Pause		18
Himmel und Erde		19
Kim traut sich nicht		20
Geburtstag		22
Hoch sollst du leben	Volksgut	23

Herzklopfen und Magenknurren ... 24

Nein! Tomaten ess ich nicht!	Lauren Child	26
Bunte Brotgesichter		28
Mach mit – bleib fit!		30
Das hilft bei Langeweile		32
Sina und die Yogakatze	Ursula Karven	34
Zahnwechsel		36
Lisa und die Zahnfee	Simone Nettingsmeier	37
Der Neinrich	nach Edith Schreiber-Wicke	38
Zittern, Bibbern, Schüchtern sein		40
Manche Kinder haben Angst vor	Emma Brownjohn	41
Keine Angst vor gar nichts	Gurdrun Likar	42
Gefühle sind wie Farben	Medienwerkstatt Mühlacker	44

Miteinander und Durcheinander ... 46

Ich bin ich	*Andrea Schwarz*	48
Im Spiegel		49
Von allen etwas		50
Ich mag		52
Ich kann		53
Meine Füße sind der Rollstuhl		54
Freunde		56
Was Freunde tun		57
Streiten		58
Wahre Freunde	*Manuela Olten*	60
Alt und jung	*Dagmar Geisler*	62
Alles Familie		64
Pierre		65
Wohnung	*Jürgen Spohn*	66

Wiesenzwerge und Baumriesen ... 68

Wald und Wiese		70
Ich staune		72
Schätze		74
Bäume		76
Ein Samenkorn	*Karel Eykmann*	77
Rindenabdruck		78
Tiere	*Ingrid u. Dieter Schubert*	80
Tierrekorde		81
Ein Haustier für Henriette	*nach Franjo Terhart*	82
Der Hund		84
Welpen	*nach Valérie Tracqui*	85
Bitte	*Viktoria Ruika-Franz*	86
Ich weiß einen Stern	*Josef Guggenmos*	87
Die Umwelt schützen		88
Das Picknick		89

Traumfänger und Erfinderglück ... 90

Alles ... 92

Fantasie belebt ... 93

Fantasie belebt ... 94

Wundertüte ... *Gerald Jatzek* ... 95

Ich hatte einen Traum ... *Martin Auer* ... 96

Träumen ... 97

Traumfänger ... 98

Traumhafte Märchen ... 100

Hänsel und Gretel ... *Volksgut* ... 101

Wir feiern ein Gespensterfest ... 102

Gespenster können schaurig heulen ... 103

Müssen Gespenster auch in die Schule? ... *Dagmar Geisler* ... 104

Der Gespenstervertreiber ... *A. Havukainen u. S. Toivonen* ... 106

Verrückte Maschinen ... *A. Havukainen u. S. Toivonen* ... 107

Max, der Beruferfinder ... 108

Was wäre, wenn es diese Erfindungen nicht gäbe? ... 109

Jasper schafft Platz ... *Dr. Martin Bertelsen* ... 110

Leseratten und PC-Mäuse ... 112

Das Lesen ... *James Krüss* ... 114

Ich lese was, was du nicht liest! ... 116

Lesezeichen ... *Josef Guggenmos* ... 118

Bücherwurm ... 119

Bücher erzählen Geschichten ... *Dik Browne* ... 120

Ein Buch wandert ... 121

Der Weg zum Buch ... 122

Wer malt die Bilder? ... *Verena Ballhaus* ... 124

Briefe an Herrn Vogel ... 126

Ein Kanal für mich ... 128

Wichtige Nachricht ... 130

Wie kommt Opa ins Telefon? ... *nach Alke Kissel* ... 132

Herbsttöne und Frühlingsfarben 134

Blätter fallen	Lisa Bender	136
Blättergeister		137
Der Hase und der Igel		138
Laterne		140
Nebel		141
Lichter im Advent	Beatrix Brönnle	142
Ich bereite dir eine Freude		143
Das Kind in der Krippe	KNISTER/Paul Maar	144
Meine Krippe		145
Spuren im Schnee	Gerda Muller	146
Die drei Spatzen	Christian Morgenstern	147
Über Nacht		148
Der Frühling	Bernhard Lins	149
Stups, der kleine Osterhase	Rolf Zuckowski	150
Das Küken aus dem Ei		151
Sommer	Georg Bydlinski	152
Die Schnecke	Josef Guggenmos	154
Wenn die Schnecke Urlaub macht	Christine Busta	154
Meine Ferien im Karton		156
Aufregende Ferien	Stephanie Brettschneider	157

Lexikon für Bücherfreunde 158

Textquellenverzeichnis 161

Bildquellenverzeichnis 162

Schulabenteuer und Abc-Reisen

In der Schule

1. Sammle Namen.

HIP HOP

HIP HOP, Schule ist TOP!

Lernen, lachen,

tolle Sachen machen.

HIP HOP, Schule ist TOP!

Daniel Kallauch

1. Singt das Lied.

Else

Else ist in der Schule.

Dort lernt sie, wie man Buchstaben macht.

 U wie Ufo

 M wie Maus

 S wie Sofa

 O wie Opa

1. Stelle selbst Buchstaben dar.

Die ganze Welt von A bis Zelt

Affe   Ampel   Apfel   Ananas

1. Sammle A-Wörter.

Zug   Zange   zwei   Zitrone

2. Sammle Z-Wörter.

Regeln

Regeln Regeln Regeln Regeln Regeln
Regeln Regeln Regeln Regeln Regeln
Regeln Regeln Regeln Regeln Regeln

1. Warum braucht man Regeln?

Geht es auch ohne Regeln?

Schulwege

1. Erzähle.

Links,
rechts,
links.

Nichts zu sehen.
Ich kann gehen.

2. Lerne die Regel.

Auf dem kürzesten Weg

Mama: „Kim, bummle nicht!

Komm auf dem kürzesten Weg nach Hause!"

Kim: „Ja, Mama!"

Mama: „Warum bist du so spät?"

Kim: „Es ging nicht schneller!"

nach Werner Färber

Pause

Katrin ist neu.

Die Kinder rufen:

„Komm mit, wir spielen."

Wo ist Katrin?

Himmel und Erde

1. Was spielst du?

Kim traut sich nicht

Kim ist zu spät.
Kim traut sich nicht in die Klasse.
Kim wartet im Flur.

Lamin muss mal.
Lamin trifft Kim im Flur.
Lamin sagt: „Komm,
wir gehen zusammen rein."

1. Spielt die Geschichte.

Geburtstag

1. Verschenke Briefe.

Hoch sollst du leben

Hoch!   Hoch!   Hoch!

Volksgut

1. Singt das Lied.

Herzklopfen und Magenknurren

Nein! Tomaten ess ich nicht!

„Ich esse keine Erbsen oder Möhren

oder Kartoffeln oder Pilze

oder Spagetti oder Eier

oder Würstchen.

Und ich werde nie, nie im Leben eine Tomate essen."

26

„Ich esse keine Erbsen."

„Wie kommst du darauf, dass das Erbsen sind?

Das sind grüne Drops.

Sie bestehen aus Grün und fallen vom Himmel."

Lauren Child

1. Was isst du gerne, was nicht?

Bunte Brotgesichter

Du brauchst:

So geht es:

1. Erfinde Brotgesichter.

Mach mit – bleib fit!

Würfel einmal.
Was musst du tun?

 Hüpfe
auf einem Bein!

 Springe
so hoch du kannst!

 Stehe
auf einem Bein!
Zähle!

Klatsche in die Hände!

 Setze dich unter den Tisch!

 Laufe zur Tafel! Schreibe deinen Namen an die Tafel!

1. Denke dir eigene Bewegungen aus.

Das hilft bei Langeweile

Bücher lesen

Malen

Spielen

Musik hören

Finn ist krank.
Endlich kommt Anna.
Gemeinsam spielen sie ein Spiel.

1. Was spielst du?

Sina und die Yogakatze

„Könnten Sie auf
meine Katze Brezel aufpassen?"

„Das mach ICH!", rief Sina.

„Was machst du denn da?",
murmelte Sina.

„Yoga", antwortete Brezel,
„das sind Turnübungen aus
einem fernen Land.
Ich kann sie dir zeigen."

Der Baum

Der Hund

Der Tisch

Der dritte Krieger

Der Vulkan

Durchschütteln

Ursula Karven

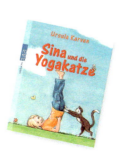

1. Mach mit.

Zahnwechsel

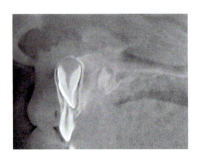 Der neue Zahn kommt.

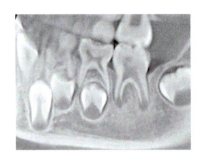 **Die alte Wurzel** des Milchzahns **löst sich auf.**
Der neue Zahn schiebt sich nach oben.

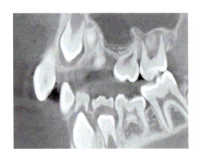 Der Milchzahn wackelt.
Er fällt aus.

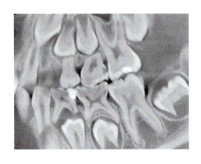 Nun ist der neue Zahn da.

1. Wie viele Zähne hast du?

Lisa und die Zahnfee

Lisas erster Milchzahn ist ausgefallen.
„Das ist doch nicht schlimm", sagt Mama.
„Jetzt wächst da ein neuer Zahn.
Und wenn du diesen heute Nacht
unter dein Kopfkissen legst,
kommt die Zahnfee und holt ihn."

Am nächsten Morgen wacht Lisa auf.
Sie hebt ihr Kissen hoch …

Simone Nettingsmeier

Der Neinrich

Leo ist wütend.
Tante Karin küsst ihn schon wieder.

Das will Leo nicht.

Sag NEIN!

Sag NEIN!

Sag NEIN!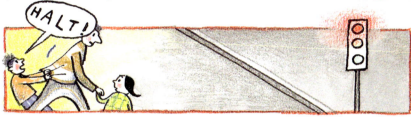

Sag NEIN!

nach Edith Schreiber-Wicke

1. Wann sagst du Nein?

Zittern, Bibbern, Schüchtern sein

Angst kennt jeder, Groß und Klein.

1. Was macht dir Angst?

Manche Kinder haben Angst vor ...

Mäusen, Schlangen,

anderen Kindern

oder Dunkelheit.

Dann sehen sie Gespenster,
die es gar nicht gibt.

Vor etwas Angst zu haben ist ganz normal.

Emma Brownjohn

Keine Angst vor gar nichts

Gustav hatte eigentlich vor gar nichts Angst.

Es gab nur ein Problem.
Kaum sah er einen Hund,
nahm er Reißaus.

Gustav ging ihnen aus dem Weg.

Doch eines Tages ...

Herr Schnuff hatte eigentlich vor gar nichts Angst.

Es gab nur ein Problem.
Kaum sah er einen kleinen Jungen,
nahm er Reißaus.

Also ging Herr Schnuff ihnen aus dem Weg.

Gudrun Likar

Gefühle sind wie Farben

Wenn dich etwas traurig macht,

ist alles schwarz wie dunkle Nacht.

Wenn du zornig bist und voller Wut,

ist alles rot wie heiße Glut.

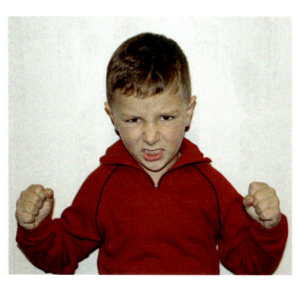

Wenn du dich gut fühlst und geborgen,

ist alles himmelblau wie ein Sommermorgen.

Wenn du froh bist und kannst glücklich sein,

ist alles gelb wie Sonnenschein.

Medienwerkstatt Mühlacker

1. Was macht dich traurig?
2. Was macht dich froh?

Miteinander und Durcheinander

Ich bin ich

Manchmal,
wenn ich mich
im Spiegel
so frech anlache,

könnt' ich mich glatt
selbst in den Arm nehmen.

Andrea Schwarz

Im Spiegel

1. Male ein Spiegelbild. Schreibe dazu.

AH S. 20

Von allen etwas

Mama kann gut rechnen.
Ich auch.

Papa hat braune Augen.
Ich auch.

Oma ist sportlich.
Ich auch.

Von allen steckt was in mir drin.

Und wer ist unordentlich?

Nur ich?

1. Von wem hast du etwas?

Ich mag

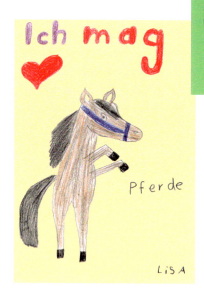

1. Was magst du?

Ich kann

 Ich kann malen.

Was kannst du?

 Ich kann Flöte spielen.

Was kannst du?

 Ich kann tauchen.

Was kannst du?

 Ich kann rennen.

Was kannst **du**?

Meine Füße sind der Rollstuhl

„Wir müssen nicht spazieren gehen."

„Wir können spazieren fahren."

1. Sprecht über das Bild.

Freunde

Freunde   kichern,
trösten,
helfen,
teilen,
streiten,
vertragen sich.

Freunde haben sich.

Was Freunde tun

 angen spielen

 eden

 nten füttern

 nsinn machen

 ebeneinander sitzen

 en Bus verpassen

 rdbeeren teilen

1. Schreibe ein eigenes Gedicht.

Streiten

1. Worüber kann man streiten?
2. Spielt den Streit.

Tina ist traurig.

Was ist los?

Wahre Freunde

Der hat mir sein Butterbrot ins Gesicht gedrückt!

Aber der hat seinen Popel an meine Jacke geschmiert!

Du lügst!

Du lügst!

Aber du hast doch ... Oder?

Hab ich nich ...!

Sag mal, woll'n wir Fußball spielen?

Klar.   *Manuela Olten*

Alt und jung

„Wenn du mich gern hast,
musst du auch mit mir spielen!"

„Wenn du mich gern hast,
musst du mich auch mal in Ruhe lassen!"

Line denkt nach.

„Na gut", sagt sie.
„Zuerst spielst du mit mir und
dann lasse ich dich mal in Ruhe."

„In Ordnung, kleine Nervensäge!
So machen wir's!"

Dagmar Geisler

1. Spielt Familie.

Alles Familie

Jede Familie ist anders.

Wie ist deine Familie?

Familie ist da, wo ich mich zu Hause fühle.

Pierre

Ich heiße Pierre.

Ich bin sechs Jahre alt.

Das ist meine Familie.

Ich habe drei Schwestern und einen Bruder.

Wir leben in Kamerun.

Das ist ein Land in Afrika.

Kannst du mich sehen?

Ich trage ein blaues T-Shirt.

🐌 Wohnung

Im Kopfsalat
da wohnt die Schnecke
Die Anna
die wohnt um die Ecke

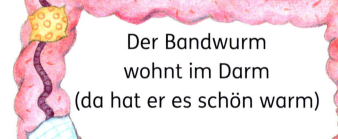

Der Bandwurm
wohnt im Darm
(da hat er es schön warm)

Ein Nagetier
wohnt hier bei mir

Der Frauenheld
wohnt im Roman
Der Geist
wohnt in der Geisterbahn

Im Zeugnis wohnt
die Dreibisvier
Der falsche Ton
wohnt im Klavier

Der Strom
wohnt in der Batterie
Du wohnst …

in meiner Fantasie.

Jürgen Spohn

1. Denke dir noch mehr „Wohnungen" aus.

Wiesenzwerge und Baumriesen

Wald und Wiese

Was siehst du?

Was riechst du?

Was fühlst du?

Was schmeckst du?

Was hörst du?

1. Mache einen Ausflug in die Natur. Male und schreibe.

Ich staune

Ich staune
über den Regenbogen.

Ich staune
über die Sterne.

Ich staune
über das bunte Leben
auf der Wiese.

Ich staune
über den riesigen Baum
und das kleine Samenkorn.

Ich staune
über funkelnde Augen
in der Dunkelheit.

Mit offenen Augen
gehe ich durch die Welt.
Ich entdecke immer Neues.

1. Worüber staunst du?

Schätze

Die Kinder machen einen Ausflug
in die Natur.
Dabei sammeln sie viele tolle Dinge,
die am Boden liegen.

Die Kinder wollen ihre Schätze zeigen.

Sie ordnen alles.

Sie verteilen die Schätze auf Tischen.

Dann schreiben sie Schilder und Plakate.

Fertig ist die Ausstellung!

1. Welche Ausstellung machst du?

Bäume

alt

klein

dick

kräftig

hoch

kaputt

Schön!

Ein Samenkorn

Jörg kommt nach Hause.
Er sagt:
„Ratet mal, was ich
in meiner Hand halte!
Ich will es euch erzählen.
Ich habe einen Baum
in meiner Hand!
In seiner Krone
können viele Vögel wohnen.
Oder glaubt ihr mir
etwa nicht?

Karel Eykman

1. Was meint Jörg? Wo ist der Baum?

Rindenabdruck

Jeder Baum hat eine Rinde.
Mach doch mal
einen Rindenabdruck!

Du brauchst:

- einen Partner

- weißes Papier

- Wachsmalkreide

- verschiedene Bäume

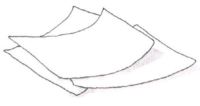

So geht es:

- Suche dir einen Baum mit trockener Rinde.

- Lege ein Blatt Papier auf den Stamm.

- Dein Partner hält das Blatt gut fest.

- Male mit der Wachsmalkreide locker über das Papier.

- Sucht einen neuen Baum und wechselt euch ab.

1. Sieht die Rinde bei allen Bäumen gleich aus?

Tiere

Die Welt ist
voller Tiere.
Es gibt
kleine
und
große,
gefährliche
und harmlose.

Ingrid und Dieter Schubert

Tierrekorde

Dieser Wal wiegt so viel wie 26 Elefanten:

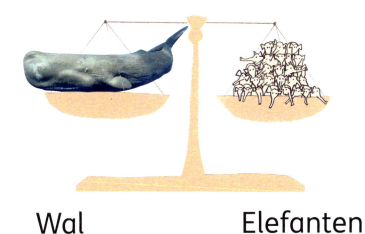

Wal　　　　　　　　Elefanten

Der Kolibri ist so groß
wie dein Zeigefinger.

Die Giraffe hat einen langen Hals.
Sie kann durch das Fenster
des zweiten Stocks schauen.

1. Suche Tierrekorde.

Ein Haustier für Henriette

Henriette möchte ein Haustier haben.
Eine Katze ohne Besitzer,
die sie manchmal besucht,
gibt ihr einen Tipp.
5 Henriette schreibt eine Anzeige für die Zeitung.
Der Briefträger bringt ihr sechs Briefe
von sechs Tieren aus der ganzen Welt.
Alle Tiere möchten ihr Haustier sein.
Henriette besucht alle Tiere,
10 damit sie sich eins aussuchen kann.
Die Katze geht mit auf Reisen und hilft ihr.

In Mexiko besuchen sie das Gürteltier:

In Venezuela besuchen sie den Tukan:

nach Franjo Terhart

1. Was meinst du? Welche Tiere besucht Henriette noch?
2. Welches Haustier würdest du dir aussuchen?

Der Hund

Hunde sind Haustiere.
Sie stammen vom Wolf ab.
Riechen und hören können sie sehr gut.
Manche Hunde helfen den Menschen als Blindenhunde.

Es gibt verschiedene Rassen:

Dackel	Deutsche Dogge	Mops

1. Welche Hunderassen kennst du?

Welpen

Mit dem Kopf voran
kommen die Welpen
auf die Welt.
Nach der Geburt sind sie
noch taub und blind.
Sie brauchen viel Schlaf.

Welpen trinken bei
ihrer Mutter.
Nach fast zwei Wochen
fangen die Kleinen an
zu hören.

Mit drei Wochen machen
sie die ersten Schritte
und entdecken die Welt.

nach Valérie Tracqui

Bitte

Menschen, liebe Menschen,
lasst die Erde stehn.
Schaut, sie ist so wunder-,
wunder-, wunderschön.

Viktoria Ruika-Franz

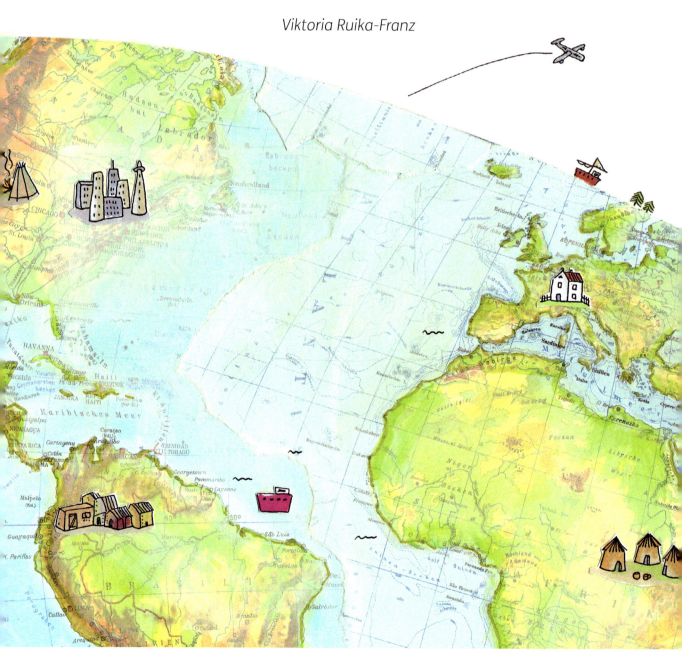

Ich weiß einen Stern

Ich weiß einen Stern
gar wundersam,
darauf man lachen
und weinen kann.

Mit Städten, voll
von tausend Dingen.
Mit Wäldern, darin
die Vögel singen.

Ich weiß einen Stern,
drauf Blumen blühn,
drauf herrliche Schiffe
durch Meere ziehn.

Er trägt uns, er nährt uns,
wir haben ihn gern:
Erde, so heißt
unser lieber Stern.

Josef Guggenmos

1. Lerne ein Gedicht.

Die Umwelt schützen

Ich

will

die

U nverpacktes Obst kaufen

M üll vermeiden

W asser sparen

E nergie sparen

L aufen statt Auto fahren

T ieren helfen

schützen!

1. Wie kannst du die Umwelt schützen?

Das Picknick

1. Wie geht die Geschichte weiter?

Traumfänger und Erfinderglück

Alles

ALLES, ALLES
IST MÖGLICH
IN DEINER
FANTA-
SIE!

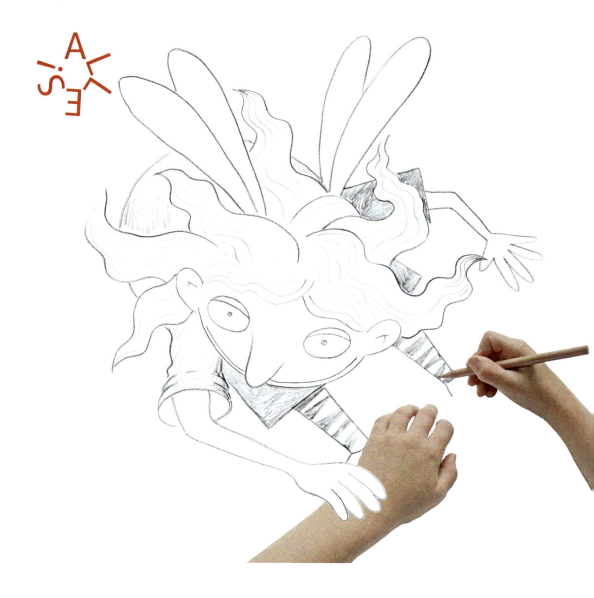

1. Stimmt das?

Fantasie belebt

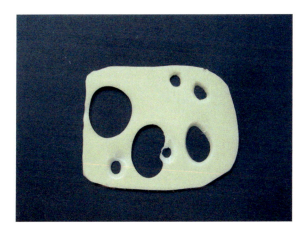

1. Überlege und schau auf die nächste Seite.

Fantasie belebt

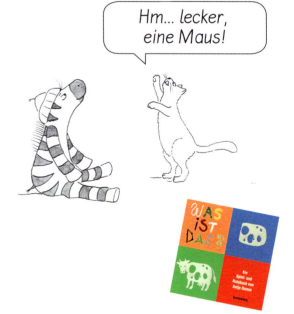

1. Erfinde eigene Fantasietiere.

Wundertüte

In der besten Wundertüte
stecken Riesenzuckerhüte,

Träume, ganze Eimer voll,
Zwerge, Gnome und ein Troll,

Fabeltiere, Zauberdrachen,
Säcke voller Angst und Lachen,

und eine Schokopuddingtopf:
Diese Tüte ist mein ….

(Ausschnitt) Gerald Jatzek

1. Was ist die beste Wundertüte? Warum?

95

Ich hatte einen Traum

Ich hatte einen Traum,
einen wunderbaren Traum
von einem wunderschönen Baum.
Drauf saß ein kleines Tier,
ein weißes, weiches Tier,
das träumte
von mir ...

Martin Auer

1. Male zum Gedicht.

Träumen

Ich kann fliegen.

Ich wohne in einem Schloss.

Mein Hund kann sprechen.

Ich tauche im tiefen Meer.

Ich bin ganz stark.

1. Wovon träumst du?

Traumfänger

Ein Traumfänger fängt böse Träume ein.
Man hängt ihn über das Bett. Gute Träume
schlüpfen durch das Netz,
schlechte Träume bleiben hängen.

Der Traumfänger kommt aus
der Welt der Indianer Nordamerikas.
Auf Indianisch heißt er Titlahtin.
Das bedeutet: „Das, was mich beruhigt."

Bastle einen Traumfänger.

Du brauchst:

- einen Ring aus Holz

- dicke Wolle

- festes Garn

- Perlen, Federn und Sachen aus der Natur

So geht es:

1. Wickle Wolle um einen Reifen.

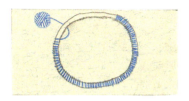

2. Klebe Anfang und Ende fest.

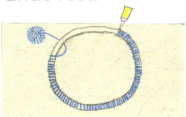

3. Fädle Perlen auf festes Garn.

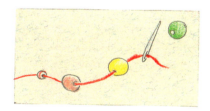

4. Knote das Garn am Ring fest.

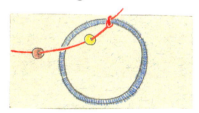

5. Spanne ein Dreieck.

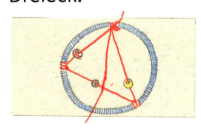

6. Verziere den Traumfänger.

Traumhafte Märchen

1. Welches Märchen gefällt dir? Warum?

Hänsel und Gretel

Hänsel und Gretel verliefen sich im Wald.
Es war so finster und auch so bitterkalt.
Sie kamen an ein Häuschen von Pfefferkuchen fein.
Wer mag der der Herr wohl in diesem Häuschen sein?

Volksgut

1. Singt und spielt das Lied.

Wir feiern ein Gespensterfest

Einladung

Wer bist du?

Bist du das Burggespenst?

Bist du das Kellergespenst?

Bist du das Wassergespenst?

Bist du das Drachengespenst?

Komm, wenn es dunkel wird!

Deine Isabel von Eulenschrei

1. Erfinde Gespenster.

Gespenster können schaurig heulen

Hohohohohoooooo

Heheheheheeeeee

Huhuhuhuhuhuuuuuu

Hahahahahahahhaaaaaa

Und wer lacht: Hihihihihi?

1. Übe schaurig leise zu heuheuheuheuheulen.

Müssen Gespenster auch in die Schule?

Klar müssen sie das.
Und was lernen sie da?
Sie lernen lesen und schreiben.
Das ist ja logisch.

Aber sie lernen auch alles,
was zum Spuken wichtig ist.

Sie lernen:

1. mit der Kette zu rasseln,

2. durch die Mauer zu gehen,

3. den Kopf unter dem Arm zu tragen,

4. wie man sich unsichtbar macht,

5. wie man Flecken auftauchen lässt und wie sie wieder verschwinden.

Dagmar Geisler

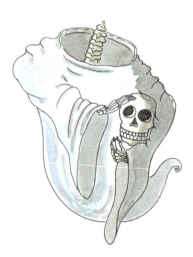

1. Was lernen die Gespenster noch?

Der Gespenstervertreiber

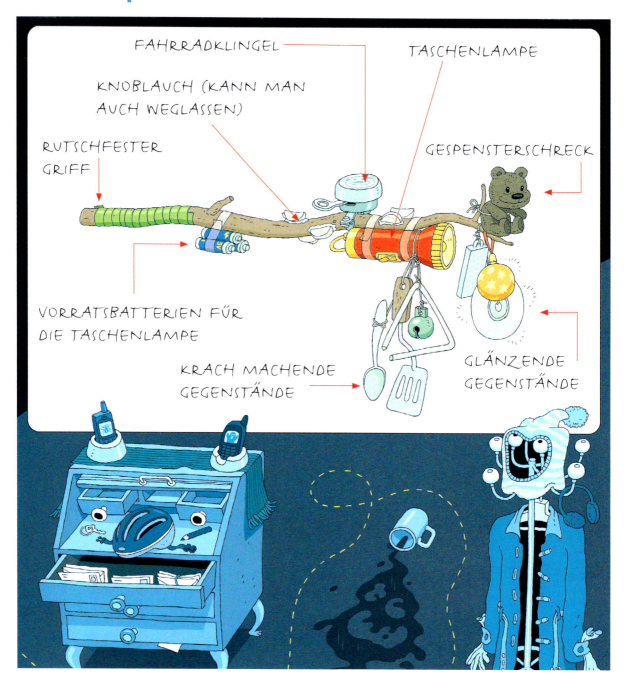

Dunkle Ecken können gruselig sein.
Auch wenn es keine Gespenster gibt, schadet es nicht,
das Zimmer mit dem Gespenstervertreiber abzusichern.
Er ist einfach zu bauen.

Verrückte Maschinen

Tatu und Patu sind zwei Brüder.
Die Brüder haben Maschinen erfunden,
die uns allen das Leben leichter machen sollen:

Das Helmfahrrad

Die Schüttelkugelwelt

Der Ekelzutatenentferner

*Aino Havukainen und
Sami Toivonen*

1. Erfinde Maschinen.

Max, der Beruferfinder

Max ist Erfinder. Am liebsten erfindet er seltsame Berufe. Rate welche!

1. Welche Berufe fallen dir noch ein?

Was wäre, wenn es diese Erfindungen nicht gäbe?

Das Rad

Die Säge

das Papier, das Telefon, das Flugzeug, das Glas, das Brot, das elektrische Licht, das Buch, die Schere, die Zeit, die Flasche, die Schuhe, der Bleistift, der Strom, der Kalender, der Computer, der Spiegel, der Hammer, …

1. Male in dein Heft.

Jasper schafft Platz

Jasper hat viel Spielzeug.
Und leere Klopapierrollen hat er noch viel mehr.
Seiner Mama wäre es lieber,
wenn er mehr Ordnung in seinem Zimmer hätte.
Doch mit seinen Klopapierrollen hat Jasper noch viel vor.

Jasper fragt seinen Freund Ties,
ob er ein Fernglas haben möchte.
Ties sagt Ja und Jasper gibt ihm zwei Klopapierrollen.
„... du musst es nur noch zusammenbauen."

Jasper besucht seinen Freund Alfons und fragt ihn,
ob er eine Rakete haben möchte, die richtig abzischt.
Alfons sagt ja, und Jasper gibt ihm viele Klopapierrollen.

„... du musst sie nur noch zusammenbauen."

Als Jasper wieder nach Hause kommt,
hat er immer noch viele Klopapierrollen.
Und die braucht er auch.

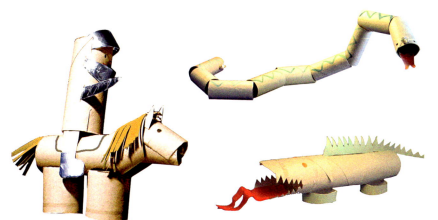

Du musst sie nur noch zusammenbauen!

Dr. Martin Bertelsen

Leseratten und PC-Mäuse

Das Lesen

Das LESEN, Kinder macht Vergnügen,

Vorausgesetzt, dass man es kann.

In STRAßENBAHNEN und in ZÜGEN.

Und auch zu HAUS liest jedermann.

James Krüss

1. Wo liest du?

Ich lese was, was du nicht liest!

1. Stelle Leserätsel!

Lesezeichen

Tollkühn legt die Räuberbraut,
die sich einfach alles traut,
in das Buch als Lesezeichen
Schokolade und dergleichen.
Aber dir verehr ich hier
diesen Streifen aus Papier.
                    Josef Guggenmos

Bücherwurm

Bastle dir ein Lesezeichen.

Du brauchst:

- zwei Stücke Bast (ca. 40 cm)
- drei schwarze und zwei weiße Holzperlen
- eine größere weiße Holzperle
- eine wasserfesten Stift

So geht es:

1. Knote die beiden Baststücke an einem Ende zusammen.

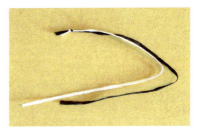

2. Fädle die kleinen Perlen abwechselnd auf. Beginne mit Schwarz.

3. Male auf die größere Perle ein Gesicht.

4. Fädle sie auf und mache an das obere Ende einen Knoten. Fertig ist dein Lesezeichen.

1. Wen oder was nennt man noch Bücherwurm?

Bücher erzählen Geschichten

Dik Browne

1. Spielt den Comic.

Ein Buch wandert

Der Weg zum Buch

Autor — Der Autor denkt sich die Geschichte aus.

Text — Der Autor schreibt die Geschichte, den Text.

Verlag — Im Verlag wird die Geschichte überarbeitet.

Bild   Zu der Geschichte werden Bilder gemalt.

Druck   Die Seiten werden gedruckt.

Buch   Nun ist das Buch fertig.

Eine Buchhandlung:
Hier kannst du das Buch kaufen.

Wer malt die Bilder?

Frau Ballhaus malt Bilder zu Geschichten. Auch für dieses Buch.

Ich mal an meinem großen Arbeitstisch.

Manchmal wünsche ich mir, dass mein Arbeitstisch in einem sonnigen Garten mit einem Baum steht.

Ich male am liebsten kleine verrückte Sachen.

Leider kann ich nicht alles malen.

Oft spritzt Farbe auf meine Brille
und auf meine Haare.

Ich habe schon als Kind
ganz viel gezeichnet.

Manchmal tun mir die Finger weh.
Und ich mag nicht
still sitzen,
sondern lieber wandern.

Ich male mit Stiften
und mit Wasserfarben,
mit Tusche und
mit Wachskreiden,
mit Feder und mit Händen
und und und …

Verena Ballhaus

Briefe an Herrn Vogel

Herr Vogel ist heute nicht
in der Schule.
Er ist krank.

Die Kinder sind sehr traurig.
Rasmus auch.

Sie schreiben Briefe an Herrn Vogel.

Herr Vogel ist immer noch krank.
Rasmus ist immer noch traurig.
Da sieht er einen Brief auf seinem Tisch.

Rasmus freut sich auf Montag.

1. Wem möchtest du schreiben?

Ein Kanal für mich

Im Fernsehen werden
viele Sendungen gezeigt.
Es ist nicht leicht,
die richtige Sendung zu finden.
Aber hier kann ich suchen:
im Kinderkanal.

Eine Sendung reicht.
Selber spielen ist besser!

1. Was guckst du?

Wichtige Nachricht

Sinem ruft bei ihrer Freundin Maya Ringel an.
Mayas Bruder geht ans Telefon.

Es klingelt. Niklas wird von Tobi zum Tennisspielen abgeholt.
Erst auf dem Tennisplatz denkt er an Sinems Nachricht.
Er schreibt Oma eine SMS.

Oma schreibt
und legt den Zettel
auf das Schränkchen neben der Tür.

Am nächsten Morgen:

Erst im Büro merkt Mayas Papa, Herr Ringel,
dass die wichtige Nachricht gar nicht für ihn ist.
Er schreibt eine E-Mail:

Frau Ringel liest die E-Mail am Nachmittag.
Sie ruft bei Sinem an, weil Maya nicht zu Hause ist.

1. Was glaubst du, wollte Sinem Maya sagen?
2. Spielt die Geschichte.

🎧 Wie kommt Opa ins Telefon?

Opa ist im Urlaub. Trotzdem kann er mit Simon sprechen. Sie telefonieren. Aber wie geht das?

Im Telefonhörer sind
5 ein Mikrofon und
ein Lautsprecher
eingebaut.

Worte werden in
Signale umgewandelt.
10 Das macht das Mikrofon.
Sie werden durch die Luft
an die Station gesendet.

Durch das Kabel gehen
die Signale auf die Reise.
15 Es gibt sogar Telefonkabel
unter dem Meer.

Signale werden auch an
Satelliten im Weltall gesendet.

Wenn die elektrischen
20 Signale ankommen,
verwandelt der Lautsprecher
sie wieder in Worte.

So kann Simon Opa
von seinem Fußballspiel
25 erzählen. Und Opa von
seinem Sonnenbrand.

nach Alke Kissel

1. Forsche weiter.

133

Herbsttöne und Frühlingsfarben

Blätter fallen

Falle,

falle,

falle,

gelbes Blatt,

rotes Blatt,

bis der Baum

kein Blatt mehr hat,

weggeflogen alle.

Lisa Bender

1. Male zum Gedicht.

Blättergeister

1. Bastle mit Blättern.

137

Der Hase und der Igel

1. Spielt den Wettlauf.

Laterne

Laterne, Laterne,
Sonne, Mond
und Sterne.

Kommt, wir wollen Laterne laufen.
Zündet eure Lichter an.

1. Male deine Laterne.

140 AH S. 54

Nebel

Alles ist im Nebel.

Wo ist der Baum?

Wo ist das Haus?

Wo ist der Zaun?

Lichter im Advent

Wir warten auf Weihnachten.
Jeden Tag soll es
ein bisschen heller werden
in unserer Welt.
Durch dich
und mich!

Beatrix Brönnle

Ich bereite dir eine Freude

1. Was schreibst du auf deinen Stern?

Das Kind in der Krippe

„Muh", brummt der Ochse
in Bethlehems Stall.

„Ia ah!", haucht der Esel
ganz ohne Krawall.

„Ich freu mich", flüstert Josef,
der gute Mann.

„Ich auch", sagt Maria,
so leise sie kann.

Da beginnt das Kind
in der Krippe zu schrein:
„Wer sich freut, dass ich lebe,
darf lauter sein!"

KNISTER/Paul Maar

144

Meine Krippe

Du brauchst:

So geht es:

nach einer Idee von Susanne Schäfer

Frohe Weihnachten!

1. Bastle eine Krippe.

145

Spuren im Schnee

Es hat die ganze Nacht geschneit.
Nun ist alles weiß.
Aber da sind Spuren im Schnee.

Was war hier bloß los?

Gerda Muller

1. Schreibe zum Bild.

Die drei Spatzen

In einem leeren Haselstrauch
da sitzen drei Spatzen, Bauch an Bauch.

Der Erich rechts und links der Franz
und mitten drin der freche Hans.

Sie haben die Augen zu, ganz zu,
und oben drüber da schneit es, hu!

Sie rücken zusammen dicht an dicht.
So warm wie der Hans hat's niemand nicht.

Sie hören alle drei ihrer Herzlein Gepoch.
Und wenn sie nicht weg sind, so sitzen sie noch.

Christian Morgenstern

1. Spielt das Gedicht.

Über Nacht

Regen Nest Amsel Käfer
Tulpe Sonne Krokus

Der Frühling

Der Frühling hat fast über Nacht
die braunen Wiesen grün gemacht
und zieht dem Garten dann
die schönsten Kleider an.

Er macht den Katzen schnelle Beine,
trocknet Wäsche an der Leine,
holt die Schnecken aus dem Haus
in den Frühlingsregen raus.

Er lässt die Käfer wieder krabbeln
und die Kinder wieder zappeln.
Der Frühling hat fast über Nacht
mit dem Winter Schluss gemacht.

Bernhard Lins

1. Trage das Gedicht vor.

Stups, der kleine Osterhase

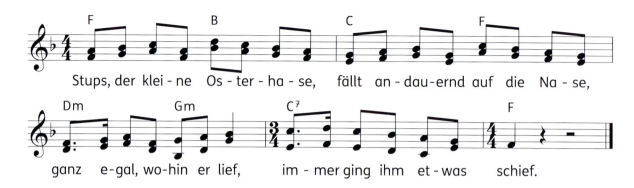

Stups, der klei-ne Os-ter-ha-se, fällt an-dau-ernd auf die Na-se,
ganz e-gal, wo-hin er lief, im-mer ging ihm et-was schief.

Text und Musik: Rolf Zuckowski

1. Was läuft bei Stups schief?

Das Küken aus dem Ei

Die Henne legt Eier.

Die Henne hält die Eier warm.
Sie brütet.

Nach 21 Tagen pickt das Küken
ein Loch in die Schale.

Nun schlüpft das Küken.
Es ist nass und müde.

Das Küken kann sofort
laufen und picken.
Es hat einen weichen Flaum.

1. Wer brütet noch Eier aus? Lies nach.

Sommer

In einer Wiese gehn,
sie anschaun und verstummen:
die Blumen leuchten schön,
die Bienen summen,
5 Käfer krabbeln im Gras,
Ameisen schleppen dies und das,
eine pelzige Hummel
fliegt mit Gebrummel
über die Gräser dahin.
10 Ganz weiß und leise
geht ein Schmetterling
auf die Reise...

Hoffentlich bleibt diese Wiese
noch viele, viele Jahre so.

Georg Bydlinski

Bienen

Hummeln

Schmetterlinge

Schnecken

Ameisen

Käfer

1. Welche Tiere findest du?

Die Schnecke

In Wald und Garten
lebt ein Tier,
das macht im Winter
zu die Tür.
Geht es im Frühling
wieder aus,
bleibt es doch immer
halb zu Haus.

Josef Guggenmos

Wenn die Schnecke Urlaub macht

„Ich kann das Kofferschleppen nicht leiden,
ich packe nicht gerne ein und aus",
sagte die kleine Schnecke bescheiden
und verreiste gleich mit dem ganzen Haus.

Christine Busta

Die Schnecke hat
einen weichen Körper,
vier Fühler und ein Haus.

An der Spitze der langen Fühler
sind zwei winzige Augen.
Mit den beiden kleinen Fühlern
tasten die Schnecken den Boden ab.
Die Schnecke hat eine Raspelzunge.
Damit frisst sie Löcher in die Blätter.

Die Schnecke frisst sehr viel:
Blätter, Salat, Gemüse und Pilze.

Ihr Haus wird ständig größer.

Meine Ferien im Karton

1. Sammle Erinnerungsstücke aus deinen Ferien.

156

Aufregende Ferien

Max schaut zu Felix hinüber. Schläft er schon?
Heute am ersten Ferientag dürfen beide
in seinem Baumhaus übernachten.
Kurze Zeit später schläft auch Max.

5 Doch plötzlich hören sie ein lautes Geräusch. „Was war das?"
Die Freunde sind sofort wieder wach.
Vorsichtig schauen sie aus dem Baumhaus.

Sie sehen zwei Männer vor dem Nachbarhaus stehen.
Die Nachbarn sind im Urlaub.
10 Vor dem Haus steht ein schwarzer Transporter.

Das Herz der Jungen klopft laut.
„Was sollen wir tun?", fragt Felix aufgeregt.
„Wir warten ab. Hier sind wir sicher."

Die Männer gehen ins Haus.
15 Kurze Zeit später kommen sie heraus.
Auf dem Arm tragen sie die teure Musikanlage
und den Computer.
Schnell fahren sie davon.

Eilig klettern Max und Felix vom Baumhaus hinunter.
20 Mit ihren Eltern rufen sie die Polizei an.
Zwei Stunden später sind die Einbrecher gefasst.

„Gut, dass wir uns das Autokennzeichen gemerkt haben",
ruft Max stolz.

Stephanie Brettschneider

Lexikon für Bücherfreunde

*1965 in Wiesbaden

Antje Damm ist von Beruf eigentlich Architektin (das ist eine, die Häuser plant). Sie wohnt mit ihrer Familie in Nürnberg. Nach der Geburt ihrer Töchter wollte sie lieber Bilderbücher schreiben und malen. Weil ihre Töchter viele Fragen stellten, ist sie auf die Idee gekommen, das Buch „Frag mich!" zu schreiben.
Antje Damm nimmt Kinder als kleine Philosophen (Denker) ernst.

Buchtipps: Frag mich!; Was ist das?; Alle Zeit der Welt; Ist 7 viel?; Nichts und wieder nichts; Kindskopf; Räuberkinder; Piratenurlaub

*1967 in Marlborough (England)

Lauren Child lebt in London. Nach ihrer Ausbildung an der Kunstschule reiste sie zuerst um die Welt und entwarf bunte Lampenschirme. Später begann sie Bilderbücher zu gestalten. Viele Kinder kennen ihre „Charlie und Lola"-Bücher und mögen ihre bunten, fantasievollen Bilder.

Buchtipps: Ich will niemals nicht, dass mein Wackelzahn rausfällt; „Nein! Tomaten ess ich nicht!";
Durch und durch Clarice Bean

*1970 in Offenbach

Manuela Olten ist gelernte Kinderbuchillustratorin. Das heißt, dass sie eigentlich die Bilder für Kinderbücher malt und jemand anders die Geschichte schreibt. Da sie aber beides kann, macht sie auch alleine Bilderbücher, bei denen sie malt und schreibt. In ihren Büchern geht es um Probleme, die jedes Kind manchmal hat, wie zum Beispiel Streit, Angst oder Pipi machen. Welche Probleme Kinder haben, weiß sie, weil sie selbst zwei Kinder hat.
Manuela Olten lebt in Offenbach am Main.

Buchtipps: Wahre Freunde; Echte Kerle;
Monster gibt's wirklich. Oder?

*1954 in Essen

Franjo Terhart (der eigentlich Franz-Josef heißt) schreibt nicht nur für Kinder, sondern auch für Jugendliche und Erwachsene. Viele seiner Bücher spielen in längst vergangenen Zeiten und anderen Ländern. Franjo Terhart hat nicht nur einen Beruf, sondern er macht viele verschiedene Sachen.
Er arbeitet zum Beispiel auch noch als Journalist (das ist einer, der für die Zeitung oder für das Radio schreibt). Früher war er mal Lehrer.

Buchtipps: Ein Haustier für Henriette;
Der Drache, der kein Feuer speien konnte

*1961 in Hamburg

Dr. Martin Bertelsen (links im Bild) hat die Geschichte von Jasper geschrieben. Ansonsten denkt er sich tagsüber Werbung aus und spielt danach mit alten Autos – oder mit Sohn Jasper und Tochter Joey. Hartmut Kozok (rechts im Bild) hat Jasper und seine Freunde gemalt.

Buchtipps: Jasper schafft Platz; Jasper lädt ein

* 1922 in Irsee
† 2003 (Allgäu)

Josef Guggenmos war ein Dichter, der sich gerne mit der Natur beschäftigte. Pflanzen und Tiere kommen sehr häufig in seinen Gedichten vor. Viele seiner Gedichte sind lustig und manchmal muss man ein bisschen nachdenken, bis man sie versteht. Die Gedichte von Josef Guggenmos sind auf der ganzen Welt bekannt. Es gibt keinen deutschen Dichter, der mehr Gedichte für Kinder geschrieben hat als er.

Buchtipps: Was denkt die Maus am Donnerstag?; Groß ist die Welt

* 1956 in Graz (Österreich)

Georg Bydlinski ist bekannt geworden, weil er schöne Kindergedichte schreibt.
Die Menschen mögen seine Geschichten und Gedichte so sehr, dass sie ihm viele Preise verliehen haben. Wenn er Kindern in Schulen vorliest, hat er meist seine Gitarre dabei. Heute lebt Georg Bydlinski in der Nähe von Wien.

Buchtipps: Ein Gürteltier mit Hosenträgern;
Wasserhahn und Wasserhenne

Textquellenverzeichnis

S.6: Kallauch, Daniel: Hip Hop. Aus: Kallauch, Daniel: Hip Hop - Schule ist top. Kiosk, Altensteig 2000. © CAP-Music Musikverlag Andreas Claus; S.16/17: Färber, Werner: Auf dem kürzesten Weg. Aus: Das große Känguru Schulgeschichtenbuch. Ars Edition 2003; S. 23: Hoch sollst du leben! Volksgut; S. 26/27: Child, Lauren: Nein! Tomaten ess ich nicht. Carlsen Verlag, Hamburg 2002; S. 34/35: Karven, Ursula: Sina und die Yogakatze. 3. Auflage, Rowohlt Taschenbuchverlag, Reinbeck bei Hamburg 2008; S. 37: Nettingsmeier, Simone: Lisa und die Zahnfee. Carlsen Verlag, Hamburg 2005; S. 38/39: Schreiber-Wicke, Edith: Der Neinrich. Thienemann Verlag, Stuttgart/Wien, 2002; S. 40/41: Brownjohn, Emma: Zittern, Bibbern, Schüchtern, sein, Angst kennt jeder groß und klein. Gabriel Verlag, Stuttgart/Wien 2007. Titel der Originalausgabe: All Kids of fears. Tango Books, London 2006; S. 42/43: Likar, Gudrun/Olten, Manuela: Keine Angst vor gar nichts. 2. Auflage, Tulipan Verlag, Berlin 2009; S. 44/45: Gefühle sind wie Farben. Medienwerkstatt Mühlacker Verlagsgesellschaft mbH und deren Lizenzgeber 2006; S. 48: Schwarz, Andrea: Ich bin ich. Aus: Ein bunter Faden Zärtlichkeit. Herder Verlag, Freiburg im Breisgau 2000; S. 54/55: Huainigg, Franz-Joseph/Ballhaus, Verena: Meine Füße sind der Rollstuhl. Beltz Verlag, Wien 2003; S. 60/61: Olten, Manuela: Wahre Freunde. Bajazzo Verlag, Zürich 2005; S. 62/63: Geisler, Dagmar: Ich kann dich ziemlich gut leiden. Thienemann Verlag, Stuttgart, Wien 2008; S. 66/67: Spohn, Jürgen: Wohnung. Aus: Sailer, Sibylle (Hrsg.), Büchner, Sabine: Sieben kecke Schnirkelschnecken. Lustige Kindergedichte und Reimspaß zum Lachen. Arena, Würzburg 2010; S.77: Eykman, Karel: Ein Samenkorn. Aus: Conrad, Elfriede/ Deßecker, Klaus/Kaiser, Heidi (Hrsg.): Erzählbuch zum Glauben. Für Religionsunterricht, Gottesdienst und Familie. Band 3: Das Vaterunser. Benzinger/Kaufmann, Köln 1985; S. 80: Schubert, Ingrid und Dieter: Die Welt ist voller Tiere. Aus: Schubert, Ingrid und Dieter: Dickes Fell und bunte Federn. Sauerländer Verlag, Aarau, Frankfurt, Salzburg 1995; S. 82/83: Terhart, Franjo: Ein Haustier für Henriette. Artwork Verlag GmbH, Dortmund 2006; S. 85/86: Tracqui, Valerie/Hubert, Marie-Luce/ Klein, Jean-Louis/Agentur Bios, Brauner, Anne (Übersetzerin): Der Hund. Esslinger Verlag, Esslingen 2009; S. 86: Ruika-Franz, Viktoria: Bitte. Aus: Thiede, Otto-Hans (Hrsg.): Sieben Blumensträuße. Volk und Wissen, Berlin 1987; S. 87: Guggenmos, Josef: Ich weiß einen Stern. Aus: Ruhl, Klaus (Hrsg.): Spielen und Lernen. Jahrbuch für Kinder. Velber Verlag, Seelze 1987; S. 95: Jatzek, Gerald: Wundetüte. Aus: Jatzek, Gerald/Steffens, Andrea: Rabauken-Reime. Residenz Verlag, St. Pölten/Salzburg 2011; S. 96: Auer: Martin: Ich hatte einen Traum: Aus: Fried, Amelie (Hrsg.)/Hein, Sybille: Ich liebe dich wie Apfelmus. cbj, München 2006; S. 101: Hänsel und Gretel: Volksgut; S. 104/105: Geilser, Dagmar: Gespenster gehen auch zur Schule. Verlag Friedrich Oetinger GmbH, Hamburg 2010; S. 106/107: Havukainen, Aino; Toivonen, Sami : Tatu und Patu und ihre verrückten Maschinen. Thienemann Verlag, Stuttgart, Wien 2010; S. 110/111: Bertelsen, Martin/Kozok, Hartmut: Jasper schafft Platz. 4. Auflage, Lappan Verlag, Oldenburg 2009; S. 114/115: Krüss, James: Bücher lesen. Aus: Krüss, James: Der Zauberer Korinthe und andere Gedichte. Verlag Friedrich Ötinger, Hamburg 1982; S. 118/119: Guggenmos, Josef: Auf ein Lesezeichen zu schreiben. Aus: Guggenmos, Josef: Sonne, Mond und Luftballon, Beltz Verlag, Weinheim und Basel 1991; S. 124/125: Ballhaus, Verena: Wer malt die Bilder? - Originalbeitrag; S.132/133: Kissel, Alke: Warum wackelt die Waschmaschine? Coppenrath, Münster 2009; S. 134: Bender, Lisa: Herbst. Aus: Wagner, Margarete: Unter dem Regenbogen, Freiburg im Breisgau, 1981; S. 142: Brönnle, Batrix: Lichter im Advent. - Originalbeitrag; S.144: Maar, Paul/KNISTER: Das Kind in der Krippe. Aus: MaarPaul/KNISTER: Von Weihnachtsmäusen und Nikoläusen. Thienemann Verlag, Stuttgart,Wien 1997; S. 146: Muller, Gerda: Was war hier bloß los. Moritz Verlag, Frankfurt am Main 2000; S. 147: Morgenstern, Christian: Die drei Spatzen. Aus: Morgenstern, Christian: Gesammelte Werke. Piper Verlag, München 1965; S. 149: Lins, Bernhard: Der Frühling. Aus: Das Jahr lacht unterm Regenschirm. Tyrolia Verlag, Innsbruck, Wien 1995; S. 150: Zuckowski, Rolf: Stups, der kleine Osterhase. © Musik für dich Rolf Zuckowski OHG (Sikorski Musikverlage) Hamburg; S. 152: Bydlinski, Georg: Sommer. Aus: Bydlinski, Georg: Wasserhahn und Wasserhenne. Dachs Verlag, Wien 2002; S. 154: Guggenmos, Josef: Die Schnecke. Aus: Guggenmos, Josef: Was denkt die Maus am Donnerstag? dtc, München 1971; Busta, Christine: Wenn die Schnecke Urlaub macht. Aus: Brand, Christine und Heinz (Hrsg.): Keine Maus zu Haus. Ravensburger Buchverlag, Ravensburg, 2002; S. 157: Brettschneider, Stephanie: Aufregende Ferien. - Originalbeitrag; S. 160: Bertelsen, Martin/Kozok, Hartmut: Jasper schafft Platz. -Klappentext. 4. Auflage,Lappan Verlag, Oldenburg 2009.

Bildquellennachweis

4.1 Klett-Archiv (F. Bachmann, Leipzig), Stuttgart; **4.2** PantherMedia GmbH (Marina C.), München; **4.3** shutterstock (Jaren Jai Wicklund), New York, NY; **5.1** Klett-Archiv (W. Münstermann), Stuttgart; **5.2** Klett-Archiv (D. Koch, Markkleeberg), Stuttgart; **5.3** Picture-Alliance, Frankfurt; **5.4** Interfoto (Miller), München; **11.1** Cover: Yerokhina, Kateryna: Die ganze Welt von A bis Zelt. Ein Alphabet in Bildern. S. Fischer Verlag, Frankfurt am Main 2009; **13.1** Antje Damm, Ist 7 viel? 44 Fragen für viele Antworten. © 2003 Moritz Verlag, Frankfurt am Main; **22.1** Klett-Archiv (Susanne, 7 Jahre), Stuttgart; **27.1** Lauren Child, Nein! Tomaten ess ich nicht! © der Deutschen Ausgabe: Carlsen Verlag GmbH, Hamburg 2002; **28.1; 28.4** Fotolia LLC (Sergey Kolodkin), New York; **28.2** Fotolia LLC (robynmac), New York; **28.3** shutterstock (Denis Tabler), New York, NY; **28.5** Fotolia LLC (Yantra), New York; **35.1** Cover: Ursula Karven, Sina und die Yogakatze, Rowohlt Verlag, Hamburg 2008; **36.1; 36.2; 36.3; 36.4** Zentrum für Zahn-, Mund- und Kieferheilkunde ZZMK, Leipzig; **39.1** Schreiber-Wicke, Edith/Holland, Carola: Der Neinrich © 2011 by Thienemann Verlag (Thienemann Verlag GmbH), Stuttgart/Wien; **41.1** Brownjohn, Emma: Zittern, Bibbern, Schüchtern sein © 2011 by Gabriel Verlag (Thienemann Verlag GmbH), Stuttgart/Wien; **43.1** Tulipan Verlag GmbH (Olten, Manuela), Berlin; **44.1; 44.3** Klett-Archiv (J. Rossbach, Leipzig), Stuttgart; **44.2** shutterstock (Kokhanchikov), New York, NY; **44.4** shutterstock (Georgios Alexandris), New York, NY; **45.1; 45.3** Klett-Archiv (J. Rossbach, Leipzig), Stuttgart; **45.2** Thinkstock, München; **45.4** shutterstock (S.Borisov), New York, NY; **49.1** Thinkstock (iStockphoto), München; **49.2** Thinkstock (Hemera), München; **49.3** Fotolia LLC (Lana Langlois), New York; **55.1** Betz, Annette, Wien; **60.1; 60.2; 60.3; 60.4; 60.4; 60.5; 60.6** Illustration aus: Manuela Olten, Wahre Freunde © Bajazzo Verlag, Zürich, 2005; **61.1; 61.2; 61.3; 61.4; 61.5; 61.6; 61.7** Illustration aus: Manuela Olten, Wahre Freunde © Bajazzo Verlag, Zürich, 2005; **63.1** Geisler, Dagmar: Ich kann dich ziemlich gut leiden © 2011 by Thienemann Verlag (Thienemann Verlag GmbH), Stuttgart/Wien; **64.1** iStockphoto (Shelly Perry), Calgary, Alberta; **64.2** shutterstock (Sergej Khakimullin), New York, NY; **64.3** Thinkstock (Lifesize/Darrin Klimek), München;

64.4 Klett-Archiv (M. Schäfer, Leipzig), Stuttgart; **65.1** f1 online digitale Bildagentur, Frankfurt; **76.1** shutterstock (Pietus), New York, NY; **76.2** shutterstock (Tatiana Grozetskaya), New York, NY; **79.1** Klett-Archiv (Pauline, 7 Jahre), Stuttgart; **81.1** Getty Images (Flickr), München; **81.2** iStockphoto (Frank Leung), Calgary, Alberta; **81.3** shutterstock (Johan Swanepoel), New York, NY; **81.4** Dorling Kindersley Verlag GmbH, München; **83.1; 83.2** Illustrationen aus: Terhart, Franjo: Ein Haustier für Henriette, artwerk Verlag GmbH, Dortmund 2006 © für die Illustrationen: Era Freidzon, Dortmund; **83.3** Cover: Terhart, Franjo: Ein Haustier für Henriette, artwerk Verlag GmbH, Dortmund 2006 © für die Illustrationen: Era Freidzon, Dortmund; **84.1** shutterstock (Nikolai Tsvetkov), New York, NY; **84.2; 84.4** Thinkstock, München; **84.3** Thinkstock (Jupiterimages), München; **85.1** shutterstock (Joy Brown), New York, NY; **85.3** shutterstock (Dan Flake), New York, NY; **85.4** Esslinger Verlag GmbH, Esslingen; **88.2** Thinkstock (comstock), München; **92.1** Klett-Archiv (D. Koch, Markkleeberg), Stuttgart; **93.1; 93.2; 93.3; 93.4; 93.5** aus: Antje Damm: Was ist das? © 2006 Gerstenberg Verlag, Hildesheim; **94.1; 94.2; 94.3; 94.4; 94.5** aus: Antje Damm: Was ist das? © 2006 Gerstenberg Verlag, Hildesheim; **94.6** Cover: Antje Damm: Was ist das? © 2006 Gerstenberg Verlag, Hildesheim; **95.1** Cover: Gerald Jatzek, Andrea Steffen (Illustratorin): Rabaukenreime © 2011 Residenz Verlag im Niederösterreichischen Pressehaus Druck- und Verlagsgesellschaft mbH,, St. Pölten - Salzburg; **101.1** Cover: Es war einmal… Mein erstes großes Märchenbuch, Coppenrath Verlag, Münster 2005; **105.1** Verlag Friedrich Oetinger GmbH, Hamburg; **106.1** aus: Aino Havukainen/Sami Toivonen "Tatu & Patu und ihre verrückten Maschinen", übersetzt aus dem Finnischen von Elina Kritzokat © der deutschsprachigen Ausgabe 2011 by Thienemann Verlag, Stuttgart/Wien. www.thienemann.de; **107.1; 107.2; 107.3; 107.4** aus: Aino Havukainen/Sami Toivonen "Tatu & Patu und ihre verrückten Maschinen", übersetzt aus dem Finnischen von Elina Kritzokat © der deutschsprachigen Ausgabe 2011 by Thienemann Verlag, Stuttgart/Wien. www.thienemann.de; **109.1** Thinkstock, München; **109.2** Getty Images (Photodisc/Glenn Mitsui), München; **111.1; 111.2; 111.3; 111.4; 111.5** Aus: "Jasper schafft Platz", Martin Bertelsen u. Hartmut Kozok, 2005 Lappan Verlag GmbH Oldenburg; **118.1** Klett-Archiv (S. Pawlowsky, Markkleeberg), Stuttgart; **119.1; 119.2; 119.3** Klett-Archiv (J. Ruff, Konstanz), Stuttgart; **119.4; 119.5** Klett-Archiv (J. Ruff, Konstanz), Stuttgart; **120.1** Bulls Press, Frankfurt; **123.1** PhotoAlto (Photo Alto/James Hardy), Paris; **124.1** Klett-Archiv (A. Teich, Stuttgart), Stuttgart; **128.1** KI.KA Der Kinderkanal von ARD und ZDF; **129.1** ZDF, Mainz; **129.2** © KI.KA, Erfurt; **129.3** KI.KA Der Kinderkanal von ARD und ZDF; **129.4** Bayerischer Rundfunk | ARD, München; **137.1; 137.2; 137.3** Klett-Archiv (Pauline, 7 Jahre), Stuttgart; **145.1; 145.2; 145.3** Klett-Archiv (S. Brettschneider, Lottstetten), Stuttgart; **145.4** Klett-Archiv (S. Brettschneider, Lottstetten), Stuttgart; **146.1; 146.2** Aus: Gerda Muller, Was war hier bloß los? Ein geheimnisvoller Spaziergang. Bilderbuch. © 2000 Moritz Verlag, Frankfurt am Main.; **151.1** mediacolor's P & F Müller (mores), Zürich; **151.2** images.de digital photo GmbH (BIOS/Michel Gunther), Berlin; **151.3** Arco Images GmbH, Lünen; **151.4** Okapia (Lynn M.Stone), Frankfurt; **151.5** Juniors Bildarchiv, Ruhpolding; **151.6** aus: Fiona Patchet, Harriet Grunewald: Vom Ei zum Küken. Einbandgestaltung: Bildagentur ZEFA © 2003 Edition Bücherbär im Arena Verlag GmbH, Würzburg; **155.1** shutterstock (iwka), New York, NY; **155.2** Thinkstock, München; **155.3** Cover: Starosta Paul/Brauner Anne (Übersetzerin): Meine erste Tierbibliothek.Die Schnecke. deutsche Ausgabe: Esslinger Verlag, Esslingen 2002/Originalverlag: Groupe Bayard, Toulouse; **156.1** shutterstock (Robert Red), New York, NY; **156.2** Thinkstock (Hemera), München; **156.3** shutterstock (Carlos Caetano), New York, NY; **156.4** Thinkstock (iStockphoto), München; **156.5** PantherMedia GmbH (Ines E.), München; **156.6** shutterstock (Robert Adrian Hillman), New York, NY; **156.7** Schwaneberger Verlag GmbH, Unterschleißheim; **158.1** Foto: Antje Damm, privat; **158.2** Poklekowski, Doris, Berlin; **159.1** Bajazzo Verlag, Zürich; **159.2** Foto: Franjo Terhart, privat; **160.1** © Lappan Verlag GmbH Oldenburg; **160.2** Picture-Alliance (Frank Mächler), Frankfurt; **160.3** Picture-Alliance (dpa/Frank May), Frankfurt; **128_129.1** KI.KA/Der Kinderkanal ARD/ZDF (© KI.KA), Erfurt

Kinderarbeiten: 51.1 Hanna, 7 Jahre; **52.1** Noel, 6 Jahre; **52.2** Pierre, 6 Jahre; **52.3** Lisa, 8 Jahre; **52.4** Susi, 7 Jahre; **57** Clara, 7 Jahre

Sollte es in einem Einzelfall nicht gelungen sein, den korrekten Rechteinhaber ausfindig zu machen, so werden berechtigte Ansprüche selbstverständlich im Rahmen der üblichen Regelungen abgegolten.

163

1. Auflage   1 5 4 3 2 1 | 16 15 14 13 12

Alle Drucke dieser Auflage sind unverändert und können im Unterricht nebeneinander verwendet werden. Die letzte Zahl bezeichnet das Jahr des Druckes.
Das Werk und seine Teile sind urheberrechtlich geschützt. Jede Nutzung in anderen als den gesetzlich zugelassenen Fällen bedarf der vorherigen schriftlichen Einwilligung des Verlages. Hinweis § 52 a UrhG: Weder das Werk noch seine Teile dürfen ohne eine solche Einwilligung eingescannt und in ein Netzwerk eingestellt werden. Dies gilt auch für Intranets von Schulen und sonstigen Bildungseinrichtungen. Fotomechanische oder andere Wiedergabeverfahren nur mit Genehmigung des Verlages.
Auf verschiedenen Seiten dieses Heftes befinden sich Verweise (Links) auf Internet-Adressen. Haftungshinweis: Trotz sorgfältiger inhaltlicher Kontrolle wird die Haftung für die Inhalte der externen Seiten ausgeschlossen. Für den Inhalt dieser externen Seiten sind ausschließlich die Betreiber verantwortlich. Sollten Sie daher auf kostenpflichtige, illegale oder anstößige Inhalte treffen, so bedauern wir dies ausdrücklich und bitten Sie, uns umgehend per E-Mail davon in Kenntnis zu setzen, damit beim Nachdruck der Verweis gelöscht wird.

© Ernst Klett Verlag GmbH, Stuttgart 2012. Alle Rechte vorbehalten. www.klett.de

Autoren: Stephanie Brettschneider, Silke Clasing, Saskia Diederichs, Maria Feiten, Bärbel Hildenkamp, Andreas Körnich, Gabriele Reusche, Gerlind Schwanitz, Barbara Weingand und Gabi Zimmermann

Redaktion: Susann Pawlowsky
Herstellung: Gabriele Hager

Layoutkonzeption: Anika Marquardsen, Berlin
Illustrationen: Friederike Ablang, Berlin; Verena Ballhaus, München; Yvonne Hoppe-Engbring, Steinfurt; Anna Marshall-Dege, Karlsruhe
Umschlaggestaltung: Anika Marquardsen, Berlin
Umschlagillustration: Friedrike Ablang, Berlin
Satz: MUNSCHENK Druck+Medien, Lutherstadt Wittenberg
Repro: MUNSCHENK Druck+Medien, Lutherstadt Wittenberg, Meyle+Müller GmbH+Co.KG, Pforzheim
Druck: Offizin Andersen Nexö, Leipzig

Printed in Germany
ISBN 978-3-12-270631-9